Table.

Titre	Date	Langue	Page
Académie des sc.s mor.s et polit.s (voir au recto ci-contre)	1892	français	109......332
Cristophe Colomb (centenaire.	1893	français	33........56
Duchartre M.	1895	français	709......751
Entrecasteaux (D').	1894	français	369......530
Harispe J.	1894	français	531......708
Jomini (général).	1893	français	333......368
Lalanne Léon.	1893	français	1..........32
Menelik, empereur d'Éthiopie.	1891	italien	57........108

Noms des auteurs.

	Date	Langue	Page
Antonelli (Pietro)	1891	italien	57........108
Castonnet des Fosses H.	1893	français	33........56
Chambrelent M.	1893	français	1..........32
Hulot (Baron)	1894	français	369......530
Labouche (le capitaine)	1894	français	531......708
Marbot (Baron de)	1893	français	333......368
Passy Louis	1895	français	709......751

Académie des Sciences morales et politiques. 1892

Membres	Pages		Pages
Aucoc.	196....200	Juglar (Clément).	328....330
Aumale (Duc d').	279....280	Larombière.	204....204
Bardoux.	185....186	Lefèvre-Pontalis.	296....299
Barthélémy-Saint Hilaire	117....125	Leroy-Beaulieu (Anatole)	292....293
Baudrillart.	167....172	Leroy-Beaulieu (Paul).	235....237
Bérenger.	183....184	Levasseur.	218....229
Block.	245....246	Lévêque.	134....137
Bouillier.	145....147	Martha.	173....175
Boutmy.	285....286	Naville.	317....320
Buffet.	300....302	Nourrisson.	141....144
Calvo.	325....327	Parieu (de).	192....195
Cambon.	309....309	Passy.	230....234
Cantu.	321....323	Perrens.	289....291
Charmes.	287....288	Picot (Georges).	261....267
Colmet de Santerre.	216....217	Reeve.	324....324
Courcelle-Seneuil.	247....249	Ravaisson-Mollien.	148....150
Cucheval-Clarigny.	251....252	Remusat (De).	303....304
Dareste.	201....203	Rocquain.	283....284
Desjardins (Albert).	294....295	Roussel.	187....189
Desjardins (Arthur).	209....213	Say.	238....244
Doniol.	305....308	Simon (Jules).	151....166
Duruy.	268....276	Sorel.	281....282
Franck.	126....129	Vacherot.	138....140
Franqueville (Comte de).	214....215	Waddington (Charles).	179....182
Geffroy.	253....255	Zeller.	256....260
Germain.	250....250		
Gladstone.	310....314		
Glasson.	205....208		
Gréard.	176....178		
Guillot.	190....191		
Himly.	277....278		
Hübner (Comte de).	315....317		
Janet.	130....133		

SOCIÉTÉ DE GÉOGRAPHIE DE LILLE

LE CENTENAIRE DE CHRISTOPHE COLOMB

LA DÉCOUVERTE DE L'AMÉRIQUE ;
SES CONSÉQUENCES ÉCONOMIQUES ; L'EUROPE & L'AMÉRIQUE
IL Y A QUATRE SIÈCLES

*Conférence faite à Valenciennes le 27 Novembre 1892
et à Roubaix le 11 Mars 1893,*

PAR

H. CASTONNET DES FOSSES,

Membre correspondant de la Société de Géographie de Lille,
Vice-Président de la Société de Géographie commerciale de Paris.

Extrait du Bulletin de la Société de Géographie de Lille.

LILLE,
IMPRIMERIE L. DANEL.

1893.

LE CENTENAIRE DE CHRISTOPHE COLOMB

LA DÉCOUVERTE DE L'AMÉRIQUE ; SES CONSÉQUENCES ÉCONOMIQUES. — L'EUROPE & L'AMÉRIQUE IL Y A QUATRE SIÈCLES.

Le 12 octobre dernier, il y avait quatre siècles que Christophe Colomb révélait un monde nouveau à l'ancien. Ce fait, peut-être le plus important de l'histoire de l'humanité, a marqué profondément dans les destinées des peuples et a donné lieu à une révolution économique dont les effets se font encore sentir. Aussi, c'est avec raison, que l'on célèbre ce glorieux centenaire ; cette date est mémorable. Retracer en quelques mots l'histoire de la découverte de l'Amérique, signaler la révolution économique qui s'est alors produite, et indiquer la situation de l'Europe et de l'Amérique, il y a quatre siècles, tel est le but que nous poursuivons. En montrant ce que l'activité humaine a su accomplir, depuis quatre siècles, nous ne nous livrerons pas à une étude rétrospective, spéculative, nous ferons du *pratique*.

Deux grandes idées ont dominé le Moyen-Age, délivrer le Saint-Sépulcre et trouver la route des Indes. La première de ces idées a donné lieu aux Croisades, merveilleux mouvement, qui longtemps, a été méconnu, et qui était tout à la fois, et un mouvement religieux et un mouvement d'expansion. La seconde idée a été le but de nombreuses entreprises. L'Inde, pays plein de mystères et de richesses. l'Inde d'où venaient les soieries, les pierres précieuses, les parfums et les épices, exerçait une véritable fascination sur les imaginations vives et curieuses de nos ancêtres ; trouver une route plus directe pour atteindre cette contrée civilisée, a préoccupé une foule d'esprits aventureux. Pendant longtemps, le commerce avait suivi les chemins tracés par les Grecs et les Romains. Peu à peu, la civilisation était arrivée aux dernières limites de l'Occident. Elle avait tourné les regards des peuples, qui bordaient l'Atlantique, vers l'étendue mystérieuse de cette mer inconnue. L'on s'était familiarisé avec les flots de l'Océan, l'on avait pris confiance dans la boussole, et alors avait commencé la période des découvertes.

La Méditerranée avait cessé d'être le principal centre d'activité, et l'on n'avait pas craint de s'aventurer vers les rivages africains. En 1364, les Dieppois atteignaient la côte de Guinée, et en 1402, l'un d'eux, Jean de Béthencourt, faisait la conquête des Canaries. A cette époque, les Portugais avaient achevé de conquérir leur sol sur les Musulmans. L'Afrique était devant eux ; il y avait là des conquêtes à faire, des richesses à gagner, des âmes à conquérir; les plus savants et les plus intrépides parlaient de tourner le continent, de s'ouvrir ainsi une route vers les Indes, et d'aller à la recherche du fameux royaume du prêtre Jean, dont beaucoup parlaient, et que nul n'avait vu.

Pour toutes ces causes, la nation portugaise fut saisie au XVIe siècle, d'une ardeur aussi vive qu'à l'époque des Croisades. Ses navires se succédèrent les uns aux autres, ses marins découvrirent Madère, les Açores, franchirent le cap Boïador, le cap Blanc, le tropique, passèrent la ligne et arrivèrent au Congo. L'un d'eux, en 1486, Barthélemy Diaz, reconnaissait le cap, qui termine l'Afrique, au Sud ; il l'avait appelé le cap des Tempêtes. Le roi Jean lui donna le nom qui lui est resté, il l'appela le cap de Bonne Espérance.

Trouver la route de l'Inde par l'Est fut l'idée de tous les navigateurs portugais ; la trouver par l'Océan fut celle de Christophe Colomb.

Cette idée ne lui était pas personnelle, ni nouvelle. Seulement, il en avait suivi la trace, depuis l'antiquité jusqu'à son époque. Il l'avait approfondie, vérifiée, grâce aux connaissances qu'il avait acquises, et aux conseils qu'il reçut. Il avait toujours été convaincu de la sphéricité de la terre et de la possibilité d'en faire le tour. Il ne faut pas oublier qu'à cette époque, la forme véritable de la terre n'était pas connue en Europe. Le grand nombre n'admettait pas que ce fût une sphère. On la croyait une surface plane, entourée par l'Océan, comme un fleuve immense. Ce qui pouvait exister de l'autre côté de ce fleuve, à peine avait-on essayé de le deviner. Cependant quelques esprits plus cultivés avaient franchi les limites de cette ignorance. Ils croyaient la terre ronde, mais beaucoup plus petite qu'elle ne l'est en réalité ; ils ne supposaient pas qu'il pût y avoir place pour deux océans et deux continents considérables. Le globe terrestre n'était censé contenir qu'un seul océan et un continent unique. De sorte, qu'en traversant l'Atlantique, on devait nécessairement aborder, après un laps de temps quelconque, dans l'Inde, la Tartarie, ou en *Cathay*, c'est ainsi qu'on appelait la Chine, ou à *Cipango*, c'était le nom du Japon. Colomb en était persuadé ; tout le lui prouvait. On avait vu les flots apporter de l'Occident des bois sculptés, des arbres déracinés, et même deux cadavres d'hommes différents des Européens. Pour Christophe Colomb, l'Atlantique était la véritable route des Indes.

Chose assez singulière, l'on ignore la date exacte de la naissance de Christophe Colomb. L'on hésite entre 1436, 1446, 1447, 1455 et 1458. Une autre question se pose. Quelle est la ville qui lui a donné le jour ? Suivant une tradition constante, Christophe Colomb serait né à Gênes ou dans les environs, à Cogoletto. Malgré notre vif désir de le compter au nombre de nos compatriotes, nous ne pouvons adopter l'opinion qui le fait naître à Calvi, en Corse. Depuis peu, un document, trouvé dans les archives de Madrid, prouve qu'il est né à Savone. Son père exerçait dans cette petite ville la profession de tisserand. Sa première instruction fut assez rudimentaire. Selon toute probabilité, il suivit de bonne heure les cours d'une école professionnelle de Gênes, comme les corporations en possédaient à cette époque, et là, il s'appliqua à l'étude de l'astronomie nautique et de la géographie. Emporté par sa vocation, il se fit marin, à quatorze ans, et depuis ce moment jusqu'à sa mort, il ne fit que voyager ou dessiner des cartes marines. Il vécut au Portugal, où il se maria (1), puis en Espagne, les deux pays où la marine était la plus florissante, et il visita presque tous les ports connus à cette époque. La plupart de ses voyages cependant eurent lieu sur la Méditerranée. Il eut l'occasion de se distinguer, comme soldat presque autant que comme marin, car cette mer était infectée de pirates. Une fois, son vaisseau fut incendié, et pour gagner le rivage, il lui fallut franchir, à la nage, avec l'aide d'une poutre, un espace de six milles.

Au milieu de ces aventures, Christophe Colomb nourrissait peu à peu le projet d'aller sur l'Atlantique, dans la direction de l'Ouest, plus loin qu'aucun autre, avant lui, n'avait osé le faire. Pour faire accepter

---

(1) De ce mariage naquit son fils Diégo. D'un second mariage contracté à Cordoue, Colomb eut un autre fils, Fernand.

son projet, il mit tout en œuvre, et sans se laisser abattre, ni par le dédain, ni même par la haine. Ce fut là sa vraie grandeur, son originalité. Pendant dix ans, il essaya de persuader à quelqu'un des gouvernements européens, de l'envoyer en voyage de découverte. Il s'adressa successivement au Sénat de Gênes et à la Cour de Portugal ; on le traitait de fou et d'aventurier. Le découragement commençait à s'emparer de lui. Il avait perdu sa femme, il était tombé dans la misère ; il se trouvait inconnu, sans protecteurs, sans appui, et il n'avait plus l'élan et la confiance que donne la jeunesse. Il continua néanmoins la lutte. Il envoya son frère Bartoloméo, trouver le roi d'Angleterre, Henri Tudor, et en 1486, il prenait la route de l'Espagne, voyageant à pied, et demandant souvent le nécessaire à la charité. Un soir, à une demi-lieue du petit port de Palos, il frappa à la porte d'un couvent de Franciscains, à la Rabida, et demanda un peu de pain et d'eau, pour son enfant, qui l'accompagnait dans toutes ses pérégrinations. Le prieur du couvent, D. Juan Perez de Marchena se trouvait par hasard, dans le parloir ; frappé de l'air de distinction de l'étranger, qui contrastait avec son dénuement, il le fit entrer, l'interrogea, et reçut ses confidences. Juan de Marchena avait autrefois vécu dans le monde ; il avait même été le confesseur de la reine Isabella ; mais n'ayant pu supporter le bruit et les intrigues de la Cour, il était rentré dans son couvent, pour s'y livrer à ses études favorites, l'astronomie et la cosmographie. Les idées de Colomb le frappèrent ; il écouta et comprit. Il raffermit son courage, lui rendit l'espérance, et promit d'intéresser ses amis à une cause qu'il regardait déjà, comme celle de l'Espagne et de la Chrétienté. Aussi, Colomb dit-il : « seul, le Père Juan de Marchena ne me tourna pas en ridicule. »

Grâce à cet appui inespéré, Christophe Colomb pensait pouvoir intéresser à son entreprise Ferdinand et Isabelle. Les rois catholiques étaient alors occupés à conquérir le royaume de Grenade. Aussi, des mois s'écoulèrent avant qu'ils consentissent à donner audience à un homme qu'ils considéraient comme un fou ou même comme un aventurier. Enfin, il fut reçu par la cour à Salamanque et ce fut dans cette ville, que se rassemblèrent les savants convoqués pour donner leur avis. L'on posait à Colomb des objections terribles. « Comment, » lui disait-on, « ferez-vous pour vous tenir la tête en bas ? Comment remonterez-vous la surface convexe du globe ? » Colomb répondait à ces arguments, les réduisait à néant, et cependant, il ne parvenait pas à triompher des préjugés de la science officielle. L'assemblée déclara à une grande majorité que son entreprise était impossible. La partie n'était pas néanmoins perdue pour Colomb ; à Salamanque, il avait gagné des partisans. Les Dominicains, alors tout puissants en Espagne, l'avaient traité avec déférence, et pendant toute la durée des conférences, il avait logé dans leur couvent de Saint-Étienne, à Salamanque. Ils firent de nombreux efforts pour intéresser à l'entreprise de Colomb : désormais on la discutait.

Colomb était plus résolu que jamais à continuer la lutte. En 1487, il avait une nouvelle audience des rois catholiques, à Sarragosse. Mais, l'on se borna à lui donner quelques secours d'argent. Le temps s'écoulait ; Colomb se laissait aller au découragement. C'est alors, que le prieur de la Rabida fit une tentative suprême ; il écrivit à la reine, son ancienne pénitente ; il se rendit près d'elle, sous les murs de Grenade, et plaida si bien la cause de son ami, que Colomb était mandé immédiatement. En 1492, Grenade ouvrait ses portes à l'armée chrétienne. C'était une grande victoire pour l'Espagne ; Ferdinand et Isabelle pouvaient dorénavant tourner leurs pensées vers de nouvelles entreprises. Les offres de Colomb furent acceptées. Ferdinand et Isabelle le nommèrent *grand-amiral de toutes les mers et vice-roi des terres* qu'il découvrirait. Colomb montra combien était vive sa foi. Tout en poursuivant la découverte de la route des Indes, il n'oubliait pas le Saint-Sépulcre, et il déclarait qu'il consacrerait à son rachat les trésors qu'il pourrait retirer de son entreprise. Il avait à ce sujet l'intention de s'entendre avec les Musulmans, et de traiter avec eux à l'amiable.

Les ordres furent donnés par la cour pour préparer l'expédition. Isabelle avait décidé qu'elle aurait lieu aux frais de son propre royaume de Castille, qui fit le sacrifice de 100.000 livres. Le petit port de Palos fut choisi pour l'armement des vaisseaux. L'expédition se réduisait à peu de choses. Elle comprenait trois caravelles : la *Pinta*, la *Santa-Maria*, la *Niña*. De ces bâtiments, un seul, la *Santa-Maria*, était ponté, et avait quatre-vingt-dix pieds de long et quatre mâts. Les deux autres navires n'étaient qu'à moitié pontés. Les équipages comptaient cent vingt hommes dont soixante-six à bord de la *Santa-Maria*, trente à bord de la *Pinta* et vingt-quatre à bord de la *Niña*. L'on n'a pas conservé le rôle des hommes embarqués ; mais l'on sait néanmoins que la plupart étaient Andalous. Parmi eux, se trouvaient un Anglais et un Irlandais. L'on avait des vivres pour un an, et seulement deux pompes, pour remédier aux voies d'eau. Colomb commandait la *Santa Maria* et les deux frères Pinzon, la *Pinta* et la *Niña*. Ce fut avec ces médiocres ressources, avec ce faible équipage, avec ces navires peu faits pour une navigation lointaine, et sur lesquels, aujourd'hui, jamais capitaine n'oserait se risquer, que le vendredi 3 août 1492, Christophe Colomb quitta Palos, et prit la mer dans une direction inconnue, et pour un voyage dont personne ne prévoyait l'issue.

Après avoir relâché trois semaines aux Canaries, pour y réparer des avaries, Colomb quittait ces îles, le 6 septembre, et cinglait droit à l'ouest. L'on entrait dans l'inconnu. Pendant trois jours des calmes plats l'arrêtèrent, et ce fut seulement le 9 septembre qu'un vent favorable s'éleva. Le courage abandonnait déjà les matelots ; ils croyaient courir à la mort. Colomb avait beau les encourager, en décrivant les merveilles de l'Inde où ils allaient bientôt aborder, il se heurtait à une malveillance à peine déguisée. Afin de ne pas les effrayer par la longueur de la route, il s'avisa d'un stratagème. Il déduisait chaque jour un certain nombre de lieues de la distance réellement parcourue, et, tout en gardant pour lui le secret du chemin, il ne montrait aux matelots que la fausse estimation, de sorte que ces derniers ignorèrent toujours de combien ils s'étaient avancés. Ce fut une heureuse précaution. Le 11 septembre, à 150 lieues à l'ouest de la plus occidentale des Canaries, les Espagnols rencontrèrent un débris de mât ; ils le regardèrent comme un sinistre pronostic. Deux jours plus tard, le 13 septembre, Colomb signala, pour la première fois, un phénomène qui n'avait jamais encore été observé, et que les Chinois connaissaient depuis quatre siècles. Dans la boussole, l'aiguille ne marque pas exactement le nord, mais dévie un peu vers le nord-ouest. Colomb rassura à cet effet ses équipages, mais ce ne fut pas pour longtemps. Dans la nuit du 14 au 15, un bolide traversa l'atmosphère, en l'inondant de flammes étincelantes et tomba près d'un navire. Les matelots en furent épouvantés, et leur effroi ne fit que s'augmenter, lorsqu'ils traversèrent la mer des Sargasses. La vue de ces grandes herbes flottantes n'était pas faite pour les rassurer. Par moment, ils s'imaginaient apercevoir quelques indices de terre : mais la prétendue terre n'était qu'un nuage ou un effet du mirage. Le découragement les avait pris de nouveau. Les brises favorables, qui les poussaient dans la direction de l'ouest, au lieu de les charmer, les épouvantaient. Des oiseaux dont plusieurs étaient connus pour n'habiter que les bocages et les vergers étaient aperçus. C'était inutile, et c'est en vain que Colomb s'efforçait de rassurer les équipages. Du 20 au 25, le vent était tombé ; les Espagnols se croyaient perdus. Le 25, les navires purent reprendre leur course, et quoique leur marche fût facile, les équipages tombaient dans l'abattement. Les vivres commençaient à s'épuiser, les vaisseaux s'endommageaient, et une révolte était à craindre. Peu à peu, les mécontents se groupèrent, et leurs murmures devinrent menaçants. Quelques-uns parlaient de jeter Colomb à la mer, s'il refusait de virer de bord. L'on prétend que Colomb aurait capitulé, et que le 10 octobre, voyant que les clameurs devenaient de plus en plus violentes, il aurait promis de renoncer à l'entreprise si, dans trois jours, on n'avait pas vu la terre. Rien de plus inexact. Colomb tint tête à l'orage, et par son énergie, imposa aux plus mutins.

Du reste, heureusement pour lui, les signes de la proximité de la terre augmentaient, pour ainsi dire, d'heure en heure. Sans parler d'herbes fraîches, telles qu'il en croît dans les rivières, les matelots avaient aperçu une branche d'épines en fleurs, récemment détachée de l'arbre. Ils tirèrent encore de l'eau des roseaux, une petite planche et un bâton artistement travaillé. Dès lors, tout symptôme de tristesse et de révolte s'évanouit. Ils se tenaient aux aguets. Dans la nuit du 11 au 12 octobre, à dix heures du soir, Colomb aperçut une lumière, qui paraissait, disparaissait, et finit par s'éteindre. Dans la même nuit, à deux heures du matin, la *Pinta* tirait le canon ; c'était le signal convenu. L'on avait aperçu la terre; l'on voyait distinctement la côte, à environ six milles de distance. L'Amérique était découverte !

Le lendemain, 12 octobre, le soleil se levait. Une terre plate, mais couverte d'arbres qui lui donnaient l'aspect d'un verger, s'étendait au loin ; à l'horizon, des montagnes, et le long de la grève couraient des indigènes. Colomb venait d'entrer dans l'archipel des Lucayes ou Bahama, et l'île qui s'offrait à sa vue était probablement la Guanahani des indigènes.

On peut aisément imaginer ce qu'il ressentit, lorsqu'au point du jour, il débarqua, bannières déployées, au son de la musique, et quand il posa le pied sur ce rivage, qu'aucun Européen n'avait foulé avant lui. Il portait le grand étendard d'Espagne rouge et or, et les autres capitaines tenaient chacun un étendard vert sur lequel était marquée la croix. Tous s'agenouillèrent et baisèrent la terre. Puis, Colomb, se levant et tirant son épée, prit, au nom du roi d'Espagne, possession de l'île qu'il appela San Salvador. Bientôt il remit à la voile et poursuivit sa route, découvrant Cuba et Haïti et d'autres îles. Il appela Cuba, Santiago, en l'honneur de Saint Jacques de Compostelle, et Haïti, Hispaniola (petite Espagne) en l'honneur de l'Espagne. Partout, les insulaires se montraient bien disposés. A Cuba, les Espagnols connurent le tabac et apprirent des habitants à le fumer. A Haïti, où les indigènes formaient cinq petits royaumes gouvernés par des caciques, Christophe Colomb fonda une petite colonie, avec trente-neuf de ses compagnons, qui demandaient à rester sur cette terre, qui leur paraissait être un séjour enchanteur.

Le 3 janvier 1493, Colomb reprenait la route de l'Europe et, après une navigation des plus pénibles où il faillit périr avec ses navires dans une tempête, du 12 au 17 février, il jetait l'ancre dans le port de Palos. Son absence avait duré près de huit mois.

Christophe Colomb fut reçu avec des transports d'enthousiasme ; à Palos, l'on avait cessé de croire au retour des caravelles. Aussi, quand l'amiral descendit de son navire, la ville entière le suivit à l'église pour remercier Dieu de sa bonté. Ferdinand et Isabelle se trouvaient à Barcelone ; Colomb partit pour aller les rejoindre, et, sur sa route, les populations accouraient pour le saluer de leurs cris de joie. A Barcelone, on avait préparé, pour lui, dans le grand salon de la *casa de la deputacion*, un dais de brocart d'or, et, à son approche, le roi et la reine se levèrent et l'engagèrent à s'asseoir en leur présence, et l'invitèrent à faire le récit de son voyage. Quand il eut fini, l'assemblée entière tomba à genoux pour chanter le *Te Deum*. On prodiguait les honneurs à Colomb ; il était au sommet de ce qu'il devait connaître de bonheur dans la vie.

Christophe Colomb repartit bientôt avec une flotte, qui comprenait dix-sept vaisseaux et quinze cents hommes d'équipage. Dans ce second voyage, il découvrit la Désirade, la Dominique, Montserrat, Antigoa, Saint-Martin, Nevis, Marie-Galante, Puerto-Rico et la Jamaïque. Il revenait ensuite en Espagne. En 1498, il se remettait en route avec six navires et touchait au nouveau continent, à la côte qui, pendant longtemps, sera appelée la *terre ferme*, et aujourd'hui porte le nom de Colombie. Dans ce troisième voyage, il trouva la colonie qu'il avait fondée à Hispaniala en proie aux querelles intestines. Les efforts qu'il fit pour y rétablir la paix furent incriminés et, en outre, à la cour d'Espagne, l'on était irrité contre lui, parce qu'il n'avait pas apporté les cargaisons d'or sur lesquelles on comptait Bobadilla, envoyé dans le Nouveau-Monde en qualité de commissaire, le fit arrêter, charger de chaînes et transférer à bord en cet état. Rentré en Espagne, Isabelle se hâta de réparer cet affront, en le faisant mettre en liberté. Mais le roi Ferdinand, mécontent de n'avoir pas tiré, des terres nouvellement découvertes, les richesses qu'il espérait, ne fit pas droit à ses réclamations, et refusa déloyalement de tenir ses engagements Colomb entreprit néanmoins une quatrième expédition, avec quatre caravelles, et atteignit le point extrême de ses découvertes. Il toucha à l'Amérique du Nord. Ce dernier voyage lui réservait de cruelles déceptions. Sa colonie d'Hispaniala refusa de le laisser aborder, pour réparer quelques avaries, et se mettre à l'abri, pendant une tempête qui menaçait. Il erra près de deux ans dans la mer des Antilles ; il revint ensuite en Espagne ; il était vieux, las de la vie, et plus pauvre que jamais. Le roi Ferdinand le reçut froidement, et sa protectrice, la reine Isabelle, venait de mourir. Il lui survécut peu et mourut, en 1506, à Valladolid, dans une maison d'hospitalité, tenue par les Franciscains. Il mourut en pardonnant à ses ennemis, et ses dernières paroles furent : « Mon Dieu, je remets mon âme entre vos mains. » Il voulut qu'on l'ensevelît avec les chaînes qu'il avait portées. Les restes de l'illustre navigateur reposèrent d'abord au couvent de l'Observance, chez les Franciscains, à Valladolid ; en 1513, ils furent transportés à Séville, chez les Chartreux, et, en 1526, à Santo-Domingo, où ils restèrent jusqu'en 1800. A cette époque, l'Espagne nous avait cédé la partie orientale de St-Domingue. Le gouverneur de la colonie espagnole, Don Garcia, ne voulant pas que sa nation abandonnât les restes du découvreur du Nouveau-Monde, les fit transporter dans la cathédrale de la Havane. C'est là qu'ils se trouvent actuellement.

C'est le sort des inventeurs de découvrir plus qu'ils ne cherchent, fortune qui, au reste, n'arrive qu'aux génies créateurs. Tel fut le cas de Christophe Colomb. Il avait découvert un nouveau continent et, néanmoins, il ne s'en est jamais douté. En abordant aux Antilles, il crut avoir touché au Cathay, au rivage indien, avoir rejoint l'Asie ; aussi, appela-t-il les terres, nouvellement découvertes, Indes occidentales. Ce nom leur est longtemps resté. Nous désignons encore aujourd'hui, sous le nom d'Indiens, les aborigènes du continent américain, et, quoique cette désignation soit contraire à toutes les données scientifiques, elle n'en persiste pas moins Quant au nom d'Amérique que porte le nouveau continent, il est dû à un effet du hasard. Le Florentin Amérigo Vespucci avait visité la côte qui, plus tard, s'appela Brésil et publié, sous forme de lettres, le récit de ses voyages, sa narration eut un grand succès. Dans la petite ville de Saint-Dié, plusieurs savants formaient une Société, une sorte de Gymnase. Cette Société publia une traduction des lettres d'Amérigo Vespucci, et, dans une dissertation, qui lui servait de préface, et où il était question des différents climats, l'un des traducteurs proposa d'appeler *Amérige* la terre nouvellement découverte, qui jouissait d'un climat inconnu à Ptolémée.

Le mot fit fortune ; hâtons-nous de dire qu'Amérigo Vespucci mourut, sans se douter que son nom avait été donné au nouveau continent, que probablement il pensait, ainsi que Colomb, être l'extrémité de l'Asie. L'on a voulu amoindrir la gloire de Christophe Colomb ; l'on a été jusqu'à lui contester la découverte de l'Amérique. C'est une calomnie contre laquelle on ne saurait trop protester. A Colomb seul revient la gloire de la découverte de l'Amérique, et l'humanité lui doit l'une des plus belles pages de son histoire.

L'élan était donné, et la route une fois trouvée, les découvertes se succédèrent les unes aux autres. En 1497, Amérigo Vespucci touchait au continent américain du Sud. En 1498, le Vénitien Jean Cabot explorait la côte, depuis le Labrador jusqu'au Maryland. En 1512, Ponce de Léon découvrait la Floride. En 1513, Balboa traversait l'isthme de Panama, et apercevait le premier le grand océan. En 1518, Grijalva découvrait le Mexique. En 1520, Magellan passait le détroit qui porte son nom, et, le premier, faisait le *tour du monde* en 1124 jours. En 1519, Fernand Cortez soumettait le Mexique ; de 1529 à 1535, Pizarre mettait fin à la dynastie des Incas. En 1535, Jacques Cartier prenait, au nom de François Ier, possession du Canada. En 1540, Valdivia faisait la conquête du Chili. Bientôt les Français, les Anglais, les Hollandais, les Danois paraissaient aux Petites Antilles, et en exterminaient peu à peu les Caraïbes, qui leur opposèrent une vive résistance.

L'Europe ne comprit pas tout d'abord la découverte de l'Amérique. Étonnée par la nouveauté soudaine de ces événements, ce n'est que peu à peu qu'elle put en connaître et en apprécier l'importance. Des relations continuelles s'établirent entre les deux mondes, et il en résulta un accroissement incroyable de richesses. Une véritable révolution économique s'opéra, et ses résultats furent considérables. La marche et la forme du commerce furent complètement changées. Au commerce de terre, qui jusqu'alors s'était maintenu, comme le plus conforme aux habitudes et aux besoins des peuples, fut substitué le commerce maritime. Les villes de l'intérieur du continent déclinèrent ; celles des côtes grandirent. En outre, l'importance commerciale attribuée aux différents pays, en raison de leur situation géographique, se trouva distribuée d'une manière toute nouvelle. Elle passa, en Europe, des pays situés sur la Méditerranée aux pays situés sur l'Atlantique. Les mines du Mexique et du Pérou jetèrent, dans la circulation, une masse énorme de numéraire qui produisit une révolution économique, en créant la richesse mobilière. Jusqu'alors, l'on n'avait connu que la richesse territoriale. Le prix de toutes les choses et, en particulier, celui des salaires s'éleva. L'agriculture, l'industrie et le commerce eurent les capitaux dont ils avaient besoin pour prospérer. Des terres en friche furent mises en valeur, les marchands furent bien plus nombreux qu'autrefois, et les communications se multiplièrent. Il en résulta un accroissement de la production et du bien-être général. Le sucre, qui arrivait de l'Inde par la voie d'Alexandrie, était alors très cher en Europe. Des cannes furent transportées des Canaries dans le Nouveau-Monde. L'industrie sucrière fut créée et, au commencement du XVIIe siècle, l'on cessa d'acheter le sucre à l'once chez les pharmaciens ; il était à la portée de tous. Les Espagnols trouvèrent la fabrication des cotonnades en pleine prospérité au Mexique et au Pérou ; le coton était connu depuis longtemps en Europe. Mais, à partir de la découverte de l'Amérique, sa consommation ne cessa de grandir. Au XVe siècle, le café avait été découvert en Arabie. Mais, pour que son usage se généralisât, il fallut attendre que sa culture se fût développée en Amérique. En outre, la découverte du Nouveau-Monde fit connaître des produits dont on ignorait l'existence ; tels sont le tabac, le cacao, la vanille, l'indigo, le quinquina, le caoutchouc et la pomme de terre. Les relations devinrent de plus en plus nombreuses. Pendant que la mer était sillonnée par les vaisseaux, l'on chercha à améliorer les communications par terre. Au milieu du XVe siècle, le système des écluses avait été trouvé. Les postes furent mises à la portée de tous. A l'aide des lettres de change, des banques de dépôt et de crédit, les capitaux circulèrent comme des denrées. Les assurances donnèrent au commerce la sécurité. Les peuples de l'Europe se rapprochèrent les uns des autres, et l'isolement dans lequel ils avaient vécu cessa. Des idées nouvelles se firent jour, et, pour ne citer qu'un fait, bornons-nous à indiquer *Le Voyage en Utopie* de Thomas Morus, qui parut en 1515, et qui n'est pas autre chose que le programme d'un socialisme dont l'audace ne laisse rien à désirer.

Pour bien comprendre l'importance de la révolution, produite par la découverte de l'Amérique, il faut se représenter l'Europe telle qu'elle était alors. Sa population pouvait s'élever de 90 à 100 millions d'habitants, dont 15 millions pour la France, 20 millions pour l'Espagne et 3 à 4 millions pour l'Angleterre. La France n'avait pas encore réuni à son territoire la Flandre, l'Artois, l'Alsace, la Lorraine, la Franche-Comté, la Savoie, Nice, le Roussillon, le Béarn et la Corse. De plus, certaines seigneuries y constituaient de véritables principautés, comme l'Auvergne, le Bourbonnais, le Nivernais et l'Angoumois. Néanmoins, l'unité nationale était à peu près constituée. Le roi Charles VIII recueillait les fruits de la politique de Louis XI. La Bretagne, le dernier refuge de l'indépendance féodale, avait été réunie à la couronne, en 1491. A cette époque, la France, seule de toutes les puissances chrétiennes, possédait une armée régulière, qui comptait de 25 à 30,000 hommes, tant francs archers que cavaliers de lance. Elle sentait sa force, et deux ans après la découverte de l'Amérique, en 1494, Charles VIII allait franchir les Alpes et commencer les expéditions d'Italie.

L'Angleterre sortait de la guerre des deux Roses. Son roi Henri Tudor, qui régnait depuis 1485, commençait la puissance commerciale et maritime de son pays. Un traité conclu avec les Pays-Bas, établissait la liberté des échanges entre les deux pays, et un autre avec le Danemark ouvrait la Baltique aux Anglais et leur assurait le commerce exclusif de l'Islande. Henri Tudor essaya de tourner l'activité de son peuple vers les découvertes maritimes, et sur son ordre, le Vénitien Cabot s'en alla le premier porter le pavillon anglais dans l'île de Terre-Neuve, où il fut bientôt suivi par des marchands de Bristol. L'industrie nationale était encouragée, des ouvriers flamands attirés en Angleterre, et l'exportation de la laine défendue. Enfin n'oublions pas qu'Henri Tudor fut le créateur de la marine militaire de l'Angleterre, et qu'il prépara la réunion des deux couronnes, qui se partageaient la Grande-Bretagne, en mariant sa fille Marguerite au roi Jacques IV, qui régnait en Écosse. Ce dernier royaume s'affaiblissait, la noblesse s'y montrait plus turbulente que jamais, et incapable de se défaire des mœurs du Moyen-Age; aussi, les jours de l'indépendance étaient-ils comptés.

L'Espagne arrivait à son apogée, grâce à l'union des deux couronnes de Castille et d'Aragon, qui avait eu lieu en 1479. La chute du royaume de Grenade en 1492 avait achevé l'unité nationale. L'Espagne possédait en outre les Canaries, la Sardaigne et la Sicile, et Christophe Colomb allait découvrir pour elle le Nouveau-Monde. Les Musulmans y étaient encore nombreux, principalement en Andalousie. Grenade, une cité de trois cent mille âmes, était entièrement musulmane. La cour résidait à Valladolid, et Madrid, la future capitale du royaume était un village à peu près inconnu. La Navarre s'étendait sur les deux versants des Pyrénées ; mais cet état, moitié français, moitié espagnol, ne pouvait subsister davantage, et en 1512, son souverain, Jean d'Albret, allait se voir enlever la partie de son royaume, située au sud des Pyrénées, que le roi Ferdinand réunissait à l'Aragon. A l'extrémité sud-ouest de la péninsule, le Portugal jetait un vif éclat. La maison capétienne de Bourgogne, qui avait fondé ce royaume, y était représentée par la famille d'Avis. Depuis le commencement du siècle, le Portugal était tout entier aux découvertes maritimes. Il occupait Tanger sur la côte du Maroc, et possédait Madère et les îles du Cap Vert. Ses marins avaient reconnu en 1486 le cap de Bonne-Espérance ; Lisbonne venait d'être déclaré port franc, et était à la veille de devenir l'entrepôt de l'Europe.

L'Allemagne était en quelque sorte livrée à l'anarchie. La maison d'Autriche venait de ressaisir le sceptre impérial. Mais, ce n'était pas l'indolent Frédéric III, qui était capable de rattacher au titre d'empereur un pouvoir sérieux. Pendant 53 ans de règne (1440-1493), il ne s'occupa que d'agrandir ses domaines autrichiens, qu'il avait érigés en archiduché. Néanmoins, il fonda la grandeur de sa maison ; le mariage de son fils Maximilien avec Marie de Bourgogne donna les Pays-Bas à l'Autriche. Le nombre des électeurs chargés de nommer l'empereur était de sept, conformément à la *bulle d'or*, publiée en 1356. Maximilien essaya de mettre un peu d'ordre dans ce chaos, composé de plus de cinq cents états, appelé l'*Empire*, en le divisant en dix cercles. Le margraviat de Brandebourg, la *future Prusse*, était une principauté insignifiante, et Berlin, une petite ville de 2,000 à 3,000 habitants. La Flandre, alors le pays le plus industrieux de l'Europe, était fort populeuse, et renommée à juste titre pour ses richesses. La Hollande, alors possession autrichienne, commençait à naître ; Amsterdam était un gros village qu'on venait d'entourer d'une muraille. Utrecht formait avec son territoire un état ecclésiastique. La Hanse était à son apogée. Cette puissante association, qui comptait plus de cinquante villes, dont les plus importantes étaient Lübeck, Hambourg, Brême, Cologne, Magdebourg et Munster, étendait sa domination commerciale sur la Sudée, la Norvège, le Danemark, les Pays-Bas, la Pologne et la Russie. La Bohême et la Hongrie étaient indépendantes, mais ces deux royaumes, affaiblis par leurs dissentions intestines, étaient sur le point de perdre leur nationalité, et en 1556, ils allaient être réunis à la maison d'Autriche. La Suisse avait affirmé son indépendance ; et comptait treize cantons. Fribourg était son principal centre industriel, la fabrique des draps et le travail du cuir y occupaient de nombreux ouvriers. Les rudes montagnards de l'Helvétie avaient déjà établi leur réputation militaire. Dans le nord, l'union de Calmar, conclue en 1397, entre les états scandinaves, subsistait tant bien que mal ; mais elle était sur le point de se rompre. La Suède voulait vivre de sa vie propre. L'Italie s'était à peu près affranchie de la suprématie allemande. Mais elle était divisée en une foule d'états, complètement indépendants les uns des autres, n'ayant entre eux d'autres liens que la similitude des mœurs et du langage. C'était le centre du commerce de la Méditerranée. Il n'y avait en Europe aucune contrée qui possédât une agriculture aussi savante et une industrie aussi active. Ses manufactures de soieries, de laine, de lin, de pelleteries, défiaient toute concurrence. La Renaissance y brillait d'un vif éclat. Avec tout cela, l'Italie était faible ; elle avait des artistes, des marchands, mais il lui manquait un peuple dans la véritable acception. Dans le nord, se trouvaient, le duché de Savoie, qui grandissait sur les deux versants des Alpes, et possédait alors le pays de Vaud ; le duché de Milan où les Sforza venaient de remplacer les Visconti, l'un des plus riches pays du monde, si bien que l'on disait qu'il valait une couronne. La république de Gênes venait de perdre son riche comptoir de Caffa, en Crimée, et avait cessé d'être redoutable. La république de Venise était alors à l'apogée de sa puissance. Avec ses 3,000 navires, ses 30,000 matelots, son armée nombreuse, ses fabriques renommées de glaces, d'étoffes de soie, et d'objets d'or et d'argent, son immense trafic, c'était la première puissance commerciale du monde entier. Elle possédait dans l'Orient les îles Ioniennes, les îles de Chypre et de Candie. Au centre de l'Italie se trouvaient les républiques de Florence, de Sienne, de Lucques, le duché de Ferrare et les états de l'Église. Florence s'adonnait aux lettres et aux arts et vivait tranquillement sous le gouvernement des Médicis. L'État Romain se trouvait alors en proie à une foule de petits tyrans, et désolé par leurs rivalités. Dans le midi de la péninsule, le royaume de Naples menait une existence tourmentée. Les Vénitiens occupaient plusieurs de ses ports sur l'Adriatique, et les Turcs venaient de saccager Otrante. Le pays était pauvre et sa population clairsemée. Un prince aragonais régnait à Naples, mais ce royaume était en pleine décadence, et quelques années plus tard, en 1504, il devenait une possession espagnole.

Dans l'Europe orientale, la Pologne était une puissance redoutable et l'avenir semblait lui appartenir. L'avénement des Jagellons avait réuni la Lithuanie. Les Polonais possédaient Smolensk, avaient imposé leur suprématie à la Moldavie, et dominaient sur les rivages de la Baltique. La Russie, qui aujourd'hui, comme on l'a dit, forme une sixième partie du monde, venait de secouer le joug de la *Grande-Horde*, et rien ne pouvait faire présumer sa grandeur future. Son souverain, Ivan le Grand, n'avait pas encore pris le titre de Czar. La Russie ou, comme l'on disait alors, la Moskovie, était loin de posséder un territoire aussi étendu qu'aujourd'hui. Kazan et Astrakan formaient des états indépendants, et la Sibérie était inconnue. Cependant, la Russie montrait déjà sa vitalité. Ivan venait de mettre fin à la fameuse république de Novgorod qui, au Moyen-Age, avait compté 300.000 habitants. Il avait épousé une princesse Paléologue, et il entrait en rapport avec l'Occident, principalement avec la cour de Rome. En 1453, l'Empire byzantin avait disparu ; les Turcs s'étaient emparés de Constantinople, et bientôt ils allaient imposer leur souveraineté à l'Égypte et aux régents barbaresques. Dans l'Orient subsistaient encore deux états chrétiens: le duché de l'Archipel qui comprenait les Cyclades, et l'Ordre de St-Jean de Jérusalem. Le premier était sur le point de tomber sous le cimeterre des Musulmans ; quant au second, il était établi dans l'île de Rhodes, et avant de l'évacuer, en 1522, ses chevaliers devaient donner de nombreux et vaillants coups d'épée.

Telle était l'Europe, il y a quatre siècles, au moment de la découverte de l'Amérique.

Il serait intéressant de connaître l'Amérique, il y a quatre siècles, telle qu'elle était au moment de sa découverte. Malheureusement, l'on est obligé de se contenter de données plus ou moins générales. Néanmoins, l'on peut dire qu'il y a quatre siècles, l'Amérique pouvait avoir 25 à 30.000.000 habitants. Dans le territoire que forment actuellement le Canada et les États-Unis, la race indigène, représentée aujourd'hui par 4 à 500.000 individus, était bien plus nombreuse. L'on a été jusqu'à l'évaluer à 3 millions d'hommes. Aux Antilles se trouvaient les Caraïbes, qui ont été exterminés et ne comptent plus que quelques rares représentants, plus ou moins métissés, à Cuba, à la Dominique, à St-Vincent. Au Brésil, à la Plata, au Chili, la population était alors clairsemée. Dans le territoire, qui a formé la Colombie et le Vénézuela, il n'en était pas ainsi. La race indigène y comptait plusieurs millions de têtes, et sa civilisation était assez avancée. Mais néanmoins son état social et politique était inférieur à celui du Mexique et du Pérou. C'est là qu'il est curieux de connaître l'Amérique, il y a quatre cents ans.

Depuis cent trente ans, les Aztèques dominaient au Mexique où avaient successivement paru les Nahoas et les Toltèques. Sans la conquête espagnole, ils auraient soumis à leur puissance toute la région qui constitue aujourd'hui les États-Unis mexicains et le Guatémala ; et dont la population pouvait s'élever à 10 ou 12 millions d'hommes. L'empire mexicain était une fédération de trois royaumes, dont le plus puissant, celui de Mexico, avait imposé sa supériorité aux deux autres. L'organisation politique était aristocratique, militaire et théocratique. La forme du gouvernement était celle d'une monarchie absolue, tempérée par les privilèges de la noblesse, qui possédait de nombreuses immunités. Les commerçants et les artisans formaient des corporations, et la division du travail, cette marque essentielle de la civilisation, était depuis longtemps pratiquée. La plupart des habitants de la campagne étaient attachés à une sorte de glèbe, et au-dessous d'eux se trouvaient les esclaves. Par certains côtés, l'agriculture était restée à un état des plus rudimentaires. La charrue était inconnue ainsi que la charrette, et l'on n'avait pas de bêtes de somme. Les Mexicains cultivaient principalement le maïs, dont ils fabriquaient une galette, qui leur tenait lieu de pain, le cacao dont ils faisaient du chocolat, l'aloès dont ils extrayaient une boisson fermentée, le coton. Ils élevaient des dindons, des canards, des cailles, des cerfs, des lapins. Le commerce était assez développé. Des grains de cacao, des morceaux d'étoffe de coton, des pépites d'or renfermées dans des tuyaux de plumes, des morceaux d'étain, tenaient lieu de monnaie. Les Mexicains savaient cuire la poterie, fabriquer et teindre les tissus, excellaient à travailler les métaux précieux, connaissaient le bronze, et, de leurs mines qu'ils exploitaient grossièrement, ils tiraient du plomb, de l'étain, du cuivre, de l'argent et de l'or. S'ils n'avaient pas un alphabet tel que nous le concevons, ils avaient néanmoins une écriture composée, soit de signes hiéroglyphiques, soit de signes phonétiques. Leur calendrier était savamment établi. Leur religion était encore barbare, puisqu'ils pratiquaient les sacrifices humains. Néanmoins la société aztèque était très avancée ; le niveau intellectuel y était assez élevé, et la femme, au lieu d'être enfermée dans un harem, sortait le visage découvert, et jouissait d'une position sociale relativement élevée.

La capitale du Mexique, Mexico, était une grande ville de 60.000 feux, bâtis sur les îlots d'un marécage ; on la divisait en plusieurs quartiers. une multitude de canaux la partageaient à angles droits, et ces canaux étaient larges et profonds, toujours couverts de barques, à l'usage des particuliers, ou destinées au transport des marchandises et des provisions qui alimentaient la capitale. Les canaux étaient traversés, de distance en distance, par des ponts fixes ou mobiles. Plusieurs chaussées mettaient la ville en communication avec la campagne. Les maisons sortaient de l'eau d'un côté, de plain-pied, et de l'autre s'alignaient le long des rues où elles s'ouvraient. Elles avaient généralement un étage avec de grandes fenêtres ; les toits ou terrasses étaient ornés de vases remplis de fleurs et d'arbustes odoriférants. Chaque maison était précédée d'une cour environnée de portiques, avec des bassins, des fontaines et des statues. Dans les faubourgs, les jardins se multipliaient autour des maisons, offrant une culture variée, les uns établis sur des îlots du marécage, les autres sur les *chiampas* étaient les fameux jardins flottants. Les édifices religieux étaient nombreux et les palais magnifiques. Le plus remarquable, habité par le roi, occupait une superficie considérable. Aucune cité n'était tenue avec autant de soin que Mexico. A l'entrée de la nuit, des brasiers s'allumaient de distance en distance, et des veilleurs étaient chargés de les entretenir, et en même temps de maintenir le bon ordre. Les canaux étaient nettoyés, et les rues pavées de dalles, balayées et arrosées. Au moyen de tuyaux en terre cuite, un aqueduc répandait l'eau dans les différents quartiers. Au point de vue du confort, Mexico l'emportait sur les villes de la vieille Europe. La cour de Montézuma donne une idée de ce que pouvait être alors le Mexique. C'était une civilisation qui se développait.

Le Pérou ou, pour mieux dire, l'empire des Incas, car le nom Pérou est un effet du hasard, pouvait avoir 5 ou 6 millions d'habitants ; son origine remontait au XIe siècle. Le premier Inca, Manco-Capac, qui se disait descendant du soleil, avait groupé peu à peu les Indiens autour de lui, et commencé à les civiliser. Le pouvoir des Incas était absolu, et jamais centralisation ne fut plus complète. Tous les habitants étaient divisés en groupes successifs, obéissant à des chefs qui, de degré en degré, arrivaient jusqu'au trône. De nombreux employés, toujours à l'œuvre, transmettaient les volontés du souverain, et sur les routes, où se relayaient les courriers, s'élevaient de distance en distance des forteresses et des hôtelleries. De sorte qu'en peu de semaines les nouvelles étaient transmises à Cuyco, des extrémités de l'empire. Le sol appartenait aux Incas, et la propriété individuelle n'existait pas. La terre était divisée en trois portions : celle du soleil, destinée à l'entretien des prêtres ; celle du souverain, dont les produits satisfaisaient aux besoins personnels du monarque et de sa cour ; et celle des sujets. Chaque homme adulte recevait un *tupu*, un morceau de terre de 58 ares, qui, cultivé en maïs, suffisait à ses besoins et à ceux de sa famille ; et chaque fille adulte, la moitié d'un *tupu*. Quand la population d'une ville augmentait, on prenait une portion des terres du soleil et des Incas, et on les répartissait entre les habitants. Le travail dans les villages, pour cultiver les terres du soleil, des Incas et de la communauté, se faisait en commun.

C'était le socialisme. Aussi, sous un tel régime, toute initiative privée était étouffée, et quoique les Péruviens eussent des mœurs plus douces que les Mexicains, (ils ne pratiquaient pas les sacrifices humains), leur état social sous certains rapports était inférieur. Chez eux, l'agriculture, l'industrie étaient rudimentaires, et le commerce, à vrai dire, n'existait pas. Néanmoins, les Péruviens savaient fondre l'or, l'argent, le cuivre, et faire des ornements, des vases, des idoles. Ils tissaient des étoffes de coton et de laine, et les teignaient de couleurs vives et durables. Leurs constructions, routes, murailles, temples, palais et nécropoles dénotent une civilisation réelle ; ils possédaient une sorte d'écriture, consistant dans des hiéroglyphes et dans les *quipos*. Leur capitale, Cuzco, était un centre considérable. Au moment de l'arrivée des Espagnols, le Pérou était à son apogée. Les Incas avaient établi leur domination sur tout le territoire, qui forme actuellement la république de l'Équateur, le Pérou et la Bolivie, et au sud, ils commençaient à envahir le Chili aussi ; il est probable que sans la conquête européenne, leur puissance se serait étendue dans la plus grande partie de l'Amérique du Sud.

La conquête donna lieu à de nombreuses atrocités ; puis vint la colonisation. Le Mexique forma la vice-royauté de la Nouvelle-Espagne et l'Amérique du Sud celles de Lima, de Santa-Fé, de Bogota et de Buenos-Ayres. La population indigène diminua considérablement. Des colons espagnols vinrent s'établir dans le Nouveau-Monde, et amenèrent avec eux des nègres, arrachés à la côte d'Afrique, par l'horrible commerce de la traite que notre siècle a eu le bonheur de voir finir. En 1515, la Havane avait été fondée à Cuba ; en 1519, la Vera-Cruz au Mexique ; en 1520, Cumana sur la côte du Vénézuela ; en 1535, Lima au Pérou, et Buenos-Ayres sur la Plata. La première de ces villes porta d'abord le nom de *Ciudad dellos reyes* et la seconde celui de *Ciudad de la Trinidad*. La même année, l'Assomption était bâtie sur le Paraguay, et en 1538, Chuquisaca et Santa-Fé de Bogota.

En 1540, les Espagnols s'emparaient du Chili qui tira probablement son nom du mot quichua *chil* qui signifie froid et y fondaient la ville de Valdivia. En 1542, ils pénétraient dans le pays qui s'est appelé le Nouveau-Mexique, et ils y trouvaient une ville indienne à laquelle ils imposèrent le nom de Santa-Fé. En 1541, la ville de Guatémala avait été bâtie, en 1567 ; celle de Caracas ; et beaucoup plus tard, en 1726, celle de Montévideo.

Les Espagnols ne furent pas longtemps seuls en Amérique. Dès 1532, les Portugais s'étaient établis sur la côte du Brésil, qui tira son nom d'un arbre appelé Brasil par les indigènes. Ils y fondaient, la même année, les villes de Porto-Séguro et de Santa-Catarina, en 1549, Bahia, et en 1556 Rio-Janeiro. Dans le milieu du XVIIIe siècle, ils pénétraient dans l'immense territoire, qui forme la province de Mato-Grosso, et en 1751, ils y bâtissaient la ville de Villa-Bella.

Les Français parurent plus tard en Amérique et tout d'abord portèrent leurs efforts sur les rives du Saint-Laurent. En 1605, ils fondaient en Acadie Port-Royal, qui est devenu depuis Annapolis, et en 1608, Québec au Canada. En 1626, ils fondaient Cayenne à la Guyane ; en 1672, Fort-de-France à la Martinique ; en 1695, le Cap-Français, et en 1749, Port-au-Prince à Saint-Domingue ; en 1763, la Pointe-à-Pitre à la Guadeloupe. A la fin du XVIIe siècle, ils avaient mis la main sur le bassin du Mississipi, et l'avaient appelé la Louisiane. En 1717, la Nouvelle-Orléans avait été bâtie à l'embouchure du fleuve. Les Anglais s'établissaient sur la côte de l'Amérique du Nord. En 1606, ils prenaient pied en Virginie, fondaient en 1632, Boston qui s'appela d'abord Trémont ; en 1682, Philadelphie ; et en 1729 Baltimore. Ils avaient occupé de bonne heure, une petite Antille, la Barbade, et ils s'étaient emparé de la Jamaïque, où ils bâtirent Kingston en 1693. Les Hollandais s'étaient établis sur le continent au commencement du XVIIe siècle, et y avaient fondé une colonie, la Nouvelle-Belgique, qui depuis a formé les états de New-York et de New-Jersey. En 1615, ils avaient bâti une ville, la Nouvelle-Amsterdam, qui depuis est devenue New-York. En 1632, ils s'établissent à Curaçao, et presque en même temps à la Guyane, où ils bâtissaient Paramaribo, en 1673. La civilisation prenait possession du Nouveau-Monde.

Les progrès de l'Amérique furent d'abord assez lents. Il y a un siècle, en 1792, c'est-à-dire trois cents ans après la découverte, la population ne s'élevait qu'à vingt millions d'habitants, dont huit millions étaient des descendants d'Européens blancs ou métis. La race africaine pouvait figurer pour trois millions et la race indienne pure pour neuf millions. La race européenne n'était pas, comme on pouvait le croire, en grande majorité d'origine espagnole. La race anglo-saxonne y comptait pour trois millions et demi, et la race portugaise pour quinze cents mille. En 1792, il n'existait en Amérique qu'un seul état indépendant, la république des États-Unis, qui n'était qu'à ses débuts ; sa population ne dépassait guère 4,000,000 habitants, et ses villes étaient encore peu importantes. Boston avait 20,000 habitants et New-York 35,000, Baltimore 15,000, Philadelphie 50,000, Charlestown 18,000, Richmond 2,000, Cincinnati 500. L'on venait de décider la construction de la cité fédérale, Washington, destinée à être la capitale de l'Union. Chicago, où dans peu s'ouvrira l'Exposition Universelle, n'existait pas encore. C'était un rendez-vous de chasseurs, qui venaient y tuer des civettes. Son nom vient de l'indien Chikak-Ouk, qui signifie *rendez-vous de civettes*. La Louisiane avait 50 à 60,000 habitants et la Nouvelle-Orléans près de 12,000. Le Mexique comptait 4,400,000 habitants dont 3 à 400,000 blancs, 1 million de métis, et 3 millions d'indiens. Le Pérou n'avait pas 1,100,000 habitants dont 140,000 blancs, 242,000 métis, 618,000 indiens, 41,000 nègres et 42,000 mulâtres. Le Brésil avait 2,500,000 habitants dont 500,000 blancs, 1 million de mulâtres et 1 million de nègres ; la Nouvelle-Grenade 7 à 800,000, la Plata 600,000 et le Chili 2 à 300,000. Le Canada, resté Français de cœur, avait 150,000 habitants. La colonie française de Saint-Domingue 580,000 dont 42,000 blancs, 78,000 mulâtres et 460,000 nègres ; la Martinique 103,000 habitants dont 13,000 blancs, 5,000 mulâtres et 85,000 nègres ; la Guadeloupe 113,000 dont 15,000 blancs, 8,000 mulâtres et 90,000 nègres. La Jamaïque 300,000, la Barbade 100,000, et Cuba, aujourd'hui l'une des colonies les plus florissantes, et dont la population s'élève à 1,400,000, en avait 200,000. Tous ces chiffres sont autant de preuves. Il y a cent ans, en 1792, l'Amérique commençait à naître, et son développement est un fait contemporain.

A l'heure actuelle, l'Amérique est devenue une nouvelle Europe, dans toute l'acception du mot. Les différentes colonies se sont successivement émancipées de leurs métropoles, et se sont érigées en républiques, les unes fédérales, les autres unitaires. En 1823, suivant M. de Humboldt, la population de l'Amérique pouvait s'élever à 35,000,000 habitants ; actuellement, elle est de 120 millions, dont 95 millions, blancs et métis, descendent des Européens, 12 à 13 millions représentent l'ancienne race indigène pure, et environ 12 millions appartiennent à la race africaine. En 1792, les États-Unis n'avaient que quatre millions d'habitants ; ils en comptent maintenant soixante-trois. Le progrès de l'Amérique tient certainement au développement de ses richesses, qui n'ont sérieusement été exploitées que dans notre siècle. Mais, il y a aussi une autre cause, c'est l'émigration. Jusqu'en 1820, l'émigration européenne en Amérique se réduisait à peu de choses, et à part les débuts de la conquête, elle n'était représentée que par quelques milliers d'individus. A notre époque, les États-Unis seuls ont déjà reçu 19 millions d'émigrants. La race allemande, qui, au siècle dernier, ne comptait dans le Nouveau-Monde, que quelques rares représentants, en a actuellement seize à dix-huit millions. L'on y trouve aussi des Italiens, des Russes, des Polonais. Ce mouvement n'est pas près de finir. Jusqu'à présent, dirigé presque exclusivement vers les États-Unis, il prend déjà la route de l'Amérique du Sud, du Brésil, de la Plata. C'est une véritable exode, c'est une révolution dans toute l'acception du mot ; quelles en seront les conséquences ?

Nous avons dit qu'en découvrant l'Amérique, Christophe Colomb n'avait jamais cru avoir découvert un nouveau continent. Il pensait avoir touché au rivage indien. Peut-être entrevoyait-il la révolution économique que sa découverte allait produire, mais, il ne s'est jamais douté de la révolution à la fois politique et sociale, qui en serait la conséquence. Au siècle dernier, on la soupçonnait à peine. L'Amérique a cessé d'être une colonie ; elle est devenue le siège de sociétés, d'états dont la puissance augmente chaque jour, et qui commencent déjà à prendre leur part à l'œuvre de la civilisation, et à paraître sur la scène politique. Rappelons-nous la doctrine de Monroë ; n'oublions pas qu'il existe une colonie américaine à Constantinople, et que déjà les sociétés bibliques font une propagande des plus actives chez les Arméniens. Ce sont des indices pour l'avenir. Quant à l'émigration, à laquelle se rattache la question sociale, et qui en sera peut-être la solution, inutile d'insister sur son importance. Aussi, avions-nous raison de dire que la découverte de l'Amérique est peut-être le plus grand fait de l'humanité, et c'est pourquoi le centenaire de Christophe Colomb est la date la plus glorieuse qu'il nous soit donné de célébrer.

Lille Imp. L. Danel.

www.ingramcontent.com/pod-product-compliance
Lightning Source LLC
Chambersburg PA
CBHW060935050426
42453CB00010B/2018